ISBN 3-7302-1505-1

1. Auflage
Titelgestaltung und Layout Gerhard Bunke
Druck und Verarbeitung: sachsendruck Plauen

Ich bin Fritz der Goldhamster

Meine Geschichte erzählt Ria Gersmeier.
Gezeichnet hat mich Marta Hofmann.

Buchverlag Junge Welt

Darf ich mich vorstellen? Ich heiße Fritz und bin ein kleiner Goldhamster. Ich bin gerade auf die Welt gekommen. 16 Tage hatten meine acht Geschwister und ich im warmen Bauch unserer Mutter darauf gewartet. Noch habe ich kein Fell und kann nicht sehen, aber ich spüre meine Geschwister dicht neben mir. Ich wiege nur drei Gramm, bin also wirklich noch ein winzig kleines Fritzchen.

Weil ich aber der große und kräftige Fritz werden möchte, muss ich erst einmal sehr viel schlafen und wenn ich wach bin, bei meiner Mutter fette Milch trinken. Die schmeckt mir sehr gut. Weil meine Geschwister das genauso machen, ist es ganz schön eng beim Trinken. Aber ich lasse mich nicht von der Milchquelle verdrängen, ich schubse die anderen einfach weg.

Zwei Wochen sind vergangen und ich habe ein dichtes goldfarbenes Haarkleid bekommen. Meine Augen sind jetzt offen. Wenn ich im Käfig hin- und herlaufe, stoße ich nirgendwo mehr an.
Inzwischen bin ich größer als meine Geschwister. Wir toben viel herum und jagen uns, dass die Streu uns nur so um die Ohren fliegt.

Großen Spaß macht es mir, meine Schwestern und Brüder einfach umzurempeln. Dann liegen sie auf dem Rücken und strecken ihre kurzen Beine hoch in die Luft. Und wenn sie auch noch so laut quieken, beim nächsten Mal schubse ich sie bestimmt wieder um. Sie sollen merken, dass ich der große Fritz bin.

Heute bin ich vier Wochen alt geworden und bin nun erwachsen. Gestern durfte ich mich noch an meine Mutter kuscheln, aber heute brummt sie mich und meine Geschwister ganz fürchterlich an. Es gibt auch keine Milch mehr für uns, nicht einen einzigen Tropfen. Unsere Mutter will nichts mehr von uns wissen. Ich bin ein armer, bedauernswerter Fritz.

Auch mit meinen Geschwistern vertrage ich mich nicht mehr. Wir können uns nicht mehr riechen. Dauernd streiten wir uns.

Ich bin gerade wachgeworden und setze mich in den Eingang des Schlafhäuschens. Meine Vorderpfoten lege ich auf mein kugelrundes Bäuchlein, reiße mein Schnäuzchen weit auf und gähne kräftig.

Es ist langweilig. Was soll ich tun? Mit den Geschwistern spielen? Geht nicht, denn die sind grantig. So räkele ich mich ausgiebig im Streu. Danach putze ich gründlich mein Fell, lecke meine Pfoten und streiche mit ihnen über meine kleinen Ohren.

Was ist denn jetzt los? Ich reiße meine schwarzen Knopfaugen weit auf und sehe ein rechteckiges Ding mit einem großen, runden Loch langsam auf mich zukommen. Fauchen hilft nicht, es kommt immer näher.

Ich bin der große Fritz, ich habe keine Angst. Vielleicht bekomme ich ja ein Schlafhäuschen für mich allein? Neugierig schaue ich durch das Loch und krabble vorsichtig hindurch. Ich rieche Goldhamster-Streu. Gar nicht so schlecht, da kann ich schlafen ohne gestört zu werden.

„Fritz, komm aus der Schachtel! Du hast jetzt ein neues Zuhause“, höre ich plötzlich eine Stimme. Vorsichtig stecke ich meinen Kopf hinaus und schon kommt eine Hand auf mich zu. Sofort verkrieche ich mich wieder, brumme laut und klappere nun doch vor Angst mit den Zähnen.

„Lieber Fritz, ich tu dir doch nichts. Ich bin der Peter und will dein Freund sein“, höre ich die Stimme wieder. Der Peter kann erzählen, was er will. Ich komme erst einmal nicht wieder vor und ob ich Peters Freund sein will, muss ich mir noch überlegen.

Es ist Nacht geworden und alles ist still. Endlich kann ich in Ruhe mein neues Zuhause erkunden. Als erstes sehe ich eine Leiter, auf der krabble ich zum Dachgeschoss meiner Wohnung hinauf. Dort stehen tolle Spielgeräte. Das Laufrad gefällt mir sehr gut. Ich springe hinein und strample mich kräftig ab. Das macht Spaß!

Nachdem ich mein neues Zuhause sehr genau untersucht habe, weiß ich: Ich bin der glückliche Besitzer einer wunderschönen Goldhamster-Villa mit einem gemütlichen Schlafhäuschen aus Holz und ich habe sogar eine Toilette ganz für mich allein. Überall werde ich jetzt meine Duftmarken hinterlassen, damit jeder weiß, dass diese Villa von heute an mir, dem großen Fritz, gehört.

Nun habe ich mächtigen Hunger. Ich knabbere an einer Maisstange und finde auch das Stück Melone, die Nüsse und

Rosinen sehr lecker. Ich bin eben ein Feinschmecker.

Peter hat mich wirklich gut versorgt, vielleicht werde ich ja doch noch sein Freund.

Als ich satt bin, stopfe ich mir meine Backentaschen voll mit Getreide. Ich glaube, die platzen bald, mehr geht wirklich nicht hinein. Schließlich muss ich für Vorrat sorgen, ich bin doch ein Hamster.

Übermütig laufe ich durch eine Papprröhre. Das ist ein ganz tolles Spielzeug. Aber mit meinen vollgestopften Backen wird es ein bisschen eng für mich. Ich kann mich gerade noch so durchzwängen. Als ich wieder draußen bin, drücke ich deshalb schnell die gehamsterte Nahrung mit den Pfoten aus den Backen und lege mir ein erstes Vorratslager an.

Langsam wird es hell und es ist Zeit für mich zum Schlafen. Ich klappe meine Ohren zu, damit ich nichts mehr höre. Stört mich jetzt jemand, kann ich sehr ungemütlich werden. Vor Ärger kreische ich dann laut.

Am Abend hält Peter seine Hand mit einer Erdbeere darauf ganz still in den Käfig. Ich nähere mich vorsichtig und schnuppere erst einmal daran. Dann lege ich meine Pfötchen auf seine Hand und lasse mir die Erdbeere schmecken. Ich fürchte mich nicht mehr vor ihm und laufe auf seinem Arm hoch. Peter ist nun doch mein Freund geworden. Deshalb zeige ich ihm, was ich alles kann. Ich laufe blitzschnell in den Käfig zurück, klettere die Leiter wie ein Wirbelwind hinauf und hinunter. Ich schaukle auf meiner Wippe und da ich ein kühner Trapezkünstler bin, rolle ich mich mit großem Vergnügen immer wieder um das geflochtene Seil herum.

Nach meinen akrobatischen Kunststücken auf dem kleinen Klettergerüst bin ich wieder hungrig. Ich durchwühle das Heu und finde einen lecker gefüllten Nagezapfen, an dem ich nicht nur meinen Appetit stillen, sondern auch meine Zähne wetzen kann. Da sie immer wieder nachwachsen, nage ich auch gern an Nudeln, trockenem Brot und manchmal sogar an einem Stück Hundekuchen.

Am nächsten Tag geht es mir schlecht. Ich kann meine Vorräte nicht mehr aus den Backentaschen räumen, auch wenn ich noch so sehr mit den Pfoten drücke. Ich mag nicht mehr fressen und auch nicht aus meinem Wasserröhrchen trinken. Ich krieche unter den kleinen Baumstamm und strecke alle vier Pfoten von mir. Dabei fühle ich mich so elend, dass ich gar nicht merke, wie Peter mich in die Hand nimmt und in einen Transportkorb setzt.

Dann holt mich jemand heraus. Das muss der Tierarzt sein. Er entfernt eine harte Masse aus Banane und Schokolade aus meinen Backen. Gleich geht es mir wieder besser. „Lieber Peter, auch wenn deinem Fritz die Schokolade schmeckt, sie ist kein Hamsterfutter“, sagt der Doktor. Und ich denke, da hätte mein Freund besser aufpassen müssen.

Weil wir gerade da sind, beschneidet der Tierarzt gleich meine Krallen. Das muss sein, wenn sie zu lang sind, kann ich nicht laufen.

Ich bin wieder gesund und munter, wühle und grabe im Heu und kann mein Futter wieder hamstern. Peter hat mir eine ausgehöhlte Kokosnuss in den Käfig gestellt, in die lege ich mich und ruhe mich erst einmal aus. Als es mir langweilig wird, nehme ich eine große Möhre quer ins Schnäuzchen und versuche sie in mein Haus zu tragen. Zusammen mit der Mohrrübe passe ich leider nicht durch den Eingang, obwohl ich es immer wieder probiere. Na dann eben nicht. Die Möhre verstecke ich unter dem Heu.

Ich klettere auf meinen großen Stein. Von hier aus habe ich einen guten Blick ins Zimmer meiner Menschen. Zu gern möchte ich auf Entdeckungsreise gehen. Oh, da unten entdecke ich an einem Gitterstab eine Delle. Vorsichtig schiebe ich meinen Kopf hindurch und ziehe meinen dicken Hintern nach. Im Nu bin ich draußen.

Auf den großen Blumenpflanzen am Fenster mache ich tolle Kletterübungen. Hoch und runter, immer wieder von Neuem – das macht großen Spaß. Dabei ist es mir ganz egal, wie die Pflanzen hinterher aussehen. Als ich genug davon habe, schaue ich hinter die Schränke und krabble im Bücherregal herum. Auf dem Tisch entdecke ich Weintrauben, die lasse ich mir schmecken. Nachdem mein Appetit gestillt ist, sehe ich mich weiter um.

Ich entdecke eine Grünpflanze, die sich gut zum Schaukeln eignet und tobe noch ein Weilchen herum.

Nach einer Weile werde ich müde und schaue mich nach einem Platz zum Ausruhen um. Ich verkrieche mich in einen von Peters Hausschuhen. Da ist es so richtig gemütlich.

Als Peter am Morgen aufsteht, spürt er mit seinem Fuß etwas Weiches in seinem Hausschuh. „Nanu, was ist denn das?“, wundert er sich. Was für eine dumme Frage! Das bin ich, der Fritz!

Peter bringt mich in mein Schlafhäuschen zurück. Bevor ich wieder einschlafe, höre ich noch: „Du kleiner Ausreißer, ein Hausschuh ist nun wirklich kein Hamsterbett.“ Dann klappe ich meine Ohren zu, damit ich wieder meine Ruhe habe.

Ich bin mit meinem Freund Peter sehr zufrieden und in meiner Goldhamster-Villa fühle ich mich richtig zu Hause.

Mein Hamsterhaus

Es soll geräumig sein, nicht zu kalt am zugigen Fenster oder zu heiß auf der Heizung und nicht auf dem Fußboden stehen, denn ich schaue lieber von oben herab.

Mein Schlafhäuschen aus Holz muss nicht sehr groß sein (Seitenlänge 15 cm, Höhe 10 cm, Tiefe 10 cm. Durchmesser des Einstieglochs: ungefähr 5 cm), aber über ein aufklappbares Dach würde ich mich freuen.

Das wünsche ich mir als Spielzeug:

- Laufrad aus Metall
- Wippe aus Holz
- Klettergerüst
- eine quer angebrachte hängende Leiter zum Turnen
- Krabbelleiter zum Dachgeschoss
- Holzschaukel
- ein dickes geflochtenes Seil, auf dem ich mich austoben kann
- eine feste Röhre, durch die ich laufen und in der ich auch mal schlafen kann
- ein Stück Baumstamm, auf dem ich sitzen oder mich darunter verstecken kann
- viele Verstecke, zum Beispiel Zweige, Stroh, Moos, getrocknete Kräuter oder kleine Holzschachteln, in die ich krabbeln kann
- ein großer Stein, auf den ich mich setzen und alles überschauen kann
- vielleicht ein kleiner Kinderschuh, in dem ich schön gemütlich sitzen kann

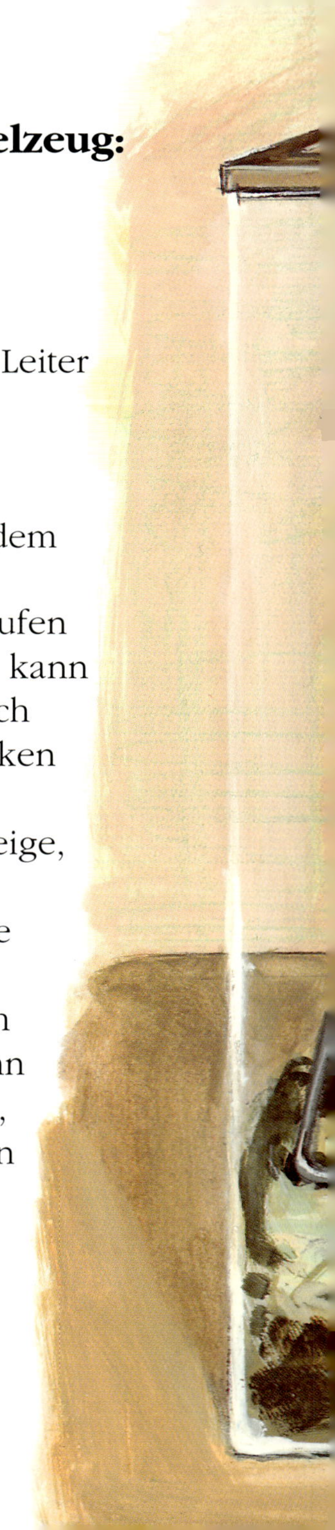

Speisekarte für glückliche Hamster

- **Fertigfutter aus der Zoohandlung**
- **Reiche Auswahl an Obst und Gemüse**

Knackiger Salat
Frische Möhren
Blumenkohl
Sellerie
Kohlrabi
Tomaten
Salatgurke

Weintrauben
Erdbeeren
Melonen
Bananen
Äpfel
Geschälte Tomaten

- **Unser Angebot aus der Natur**

Gänseblümchen
Sanddornfrüchte
Hagebutten
Brombeeren

Schlehen
Löwenzahn
Bucheckern
Spitzwegerich

- **Besondere Leckereien**

Maisstange
Haferflocken
Kleine Portionen Nüsse, Rosinen oder Trockenfrüchte

- **Zum Abwetzen der Zähne geeignet**

Knäckebrot
Ungekochte Nudeln
Altes Brot
Nagezapfen aus der Zoohandlung

- **Leckere Häppchen – nicht zum Hamstern, sondern zum sofortigen Verzehr**

Rinderhack
Ei

Fisch
Quark

So bleibe ich gesund

- Einmal pro Woche müssen mein Käfig und mein Spielzeug gesäubert und die Streu ausgetauscht werden. Unsaubere oder feuchte Streu macht mich krank.
- Bitte täglich mein Klo und die Futternäpfe säubern und das Trinkwasser erneuern.
- Zum Reinigen kein Desinfektionsmittel und keine Seife verwenden, warmes Wasser reicht aus.
- Essenreste dürfen nie liegen bleiben, denn die verstecke ich als Vorräte und ganz schnell werden sie faul.
- Unruhe, Lärm und Zugluft vertrage ich nicht, sie machen mich krank.
- Während des Tages will ich nicht beim Schlafen gestört werden, ich brauche meinen Schlaf.
- Wenn du mit mir spielen willst - immer schön langsam mit der Hand auf mich zukommen, sonst erschrecke ich.
- Ich darf keine Schokolade essen, sie bekommt mir nicht.
- Meine Zähne müssen vom Tierarzt gekürzt werden, wenn ich sie nicht richtig abwetzen kann.
- Wenn ich kahle Stellen im Fell habe und wenn mein Fell nicht mehr glänzt sondern stumpf ist, dann bin ich krank und muss zum Tierarzt gebracht werden.
- Ein Mineralleckstein und im Winter Yoghurt-Drops und Vitamine aus der Zoohandlung sind gut für mich.
- Tränen meine Augen und tropft die Nase, geh bitte mit mir zum Tierarzt.

Wenn du dich gut um mich kümmerst, kann ich bis zu 5 Jahre alt werden.